Vida Feliz
A ETERNA BUSCA DO SER HUMANO

SANTO AGOSTINHO

Vida Feliz
A ETERNA BUSCA DO SER HUMANO

TRADUÇÃO
ROSELI DORNELLES

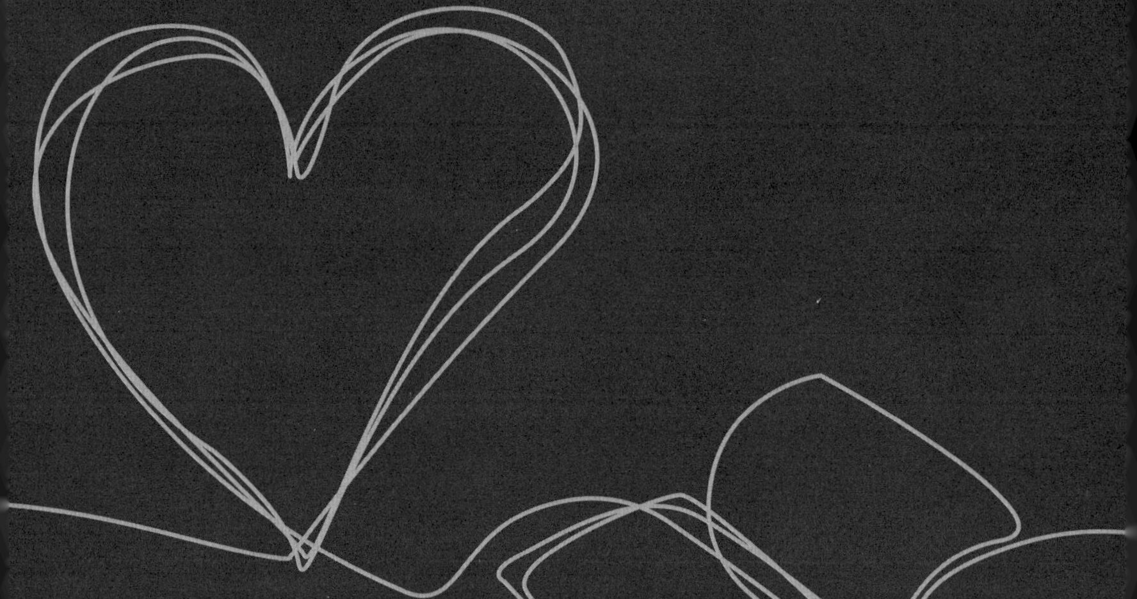

© Editora Serena, 2022

Todos os direitos reservados. É vedada a reprodução total ou parcial desta publicação, por qualquer meio, sem autorização expressa da Editora Serena. Nenhuma parte desta obra pode ser reproduzida ou transmitida em qualquer formato: físico, eletrônico, digital, fotocópia, gravação ou sistema de armazenagem e recuperação de informação. Essas proibições também se aplicam às ilustrações, imagens e outros aspectos da obra. A violação de direitos autorais é punível como crime.

Direção editorial: Soraia Luana Reis
Edição: Estúdio Editorial Logos
Revisão: Mauro de Barros
Assistência editorial: Victoria Viana
Projeto gráfico e diagramação: Aline Benitez

1ª edição – São Paulo

Dados Internacionais de Catalogação na Publicação (CIP) de acordo com ISBD

S237v	Santo Agostinho
	Vida feliz / Santo Agostinho; direção editorial de Soraia Luana Reis; traduzido por Roseli Dornelles. - São Paulo : Editora Serena, 2022.
	96 p. ; 16cm x 23cm.
	Tradução de: Della vita beata
	ISBN: 978-65-89902-22-5
	1. Filosofia. 2. Santo Agostinho. 3. Diálogos. 4. Felicidade. I. Reis, Soraia Luana. II. Dornelles, Roseli. III. Titulo.
	CDD 100
	CDU 1
2022-1891	

Elaborado por Odilio Hilario Moreira Junior - CRB-8/9949

Índice para catálogo sistemático:
1. Filosofia 100
2. Filosofia 1

Editora Serena
Rua Cardeal Arcoverde, 359, 141
Pinheiros – 05407-000 – São Paulo – SP
Telefone: 11 3068-9595 – e-mail: atendimento@editoraserena.com.br

SUMÁRIO

Introdução 7

Primeiro dia 23

Segundo dia 49

Terceiro dia 65

INTRODUÇÃO

1

Meu caro e ilustre Teodoro, se fosse a razão a traçar o caminho e se a nossa própria vontade nos guiasse do porto da filosofia, de onde viemos, em direção à região e ao solo da vida feliz, talvez fosse arriscado afirmar que um número bem menor de homens lá chegaria, apesar de que também agora muito raramente uns poucos conseguem chegar lá, como se pode observar. Por causa ou de Deus, ou da natureza, ou da necessidade, ou ainda da nossa própria vontade, ou por alguns desses motivos ou de todos reunidos (fatores obscuros cuja complexidade você já começou a esclarecer) fomos jogados quase como por acaso neste mundo e espalhados aqui e ali, como se tivéssemos sido jogados em um mar agitado. Pouquíssimos saberiam para onde direcionar seus esforços ou por qual caminho retornar em segurança, caso alguma tempestade (considerada adversa pelos tolos) não compelisse os inconscientes e errantes à tão almejada terra, mesmo contra a vontade deles e de seus infrutíferos esforços.

2

Acredito que os homens podem ser divididos em três categorias de navegantes, conforme considerados pela filosofia. A primeira categoria é formada por aqueles que chegaram à idade da razão com ímpeto medíocre e poucas remadas e que se escondem nesse fácil navegar, pondo-se a salvo em tal calmaria e lá erguendo um luminoso e bem visível farol de alguma obra sua virtuosa, para que seja notado pelo maior número de concidadãos e para que estes se esforcem em segui-los. A outra categoria, oposta à primeira, é formada por aqueles que se deixaram ludibriar pelo aspecto ilusório do mar e preferiram nele se aventurar, atrevendo-se a ir peregrinar longe de sua terra natal, da qual muitas vezes se esquecem. Se estes últimos (não sei de que modo obscuro) são acompanhados por algum vento que julgam favorável, com júbilo e soberba adentram nas mais profundas desgraças, pois a serenidade ilusória dos prazeres e das honrarias os bajula. E, de fato, o que mais se poderia desejar a esses senão uma adversa e feroz tempestade e, se for pouco, um vento contrário que os surpreenda em meio às coisas pelas quais foram arrebatados e absorvidos e, ainda que aos prantos e aflitos, impulsione-os a alegrias concretas e infalíveis? Entre os últimos há muitos, portanto, que, não estando ainda tão distantes, voltam à terra natal trazidos por adversidades menos graves. São esses que, acossados por alguma lamentável reviravolta da fortuna ou por dificuldades angustiantes de suas ocupações superficiais, como se nada mais lhes restasse a fazer, permanecem ligados aos livros de homens doutos e sábios, como se vigiassem em um porto para que nenhuma promessa do mar agitado e falsamente lisonjeiro os expulse de lá. Por fim, há uma terceira categoria formada por aqueles que, desde o início da adolescência ou por um longo tempo de muita agitação, mantêm, contudo, o olhar voltado para certos sinais e se recordam de sua doce terra natal, embora ainda em meio às vagas. Ou então, não mais contidos nem enganados em relação ao caminho correto, retornam a ela. Ou muitas vezes, desviando das trevas e mirando o caso dos astros, ou atraídos por alguma lisonja, protelam a justa navegação e longamente navegam sem rumo, muitas vezes correndo riscos. Esses, às vezes por alguma calamidade na reviravolta da fortuna, que age como uma tempestade contrária a seus esforços, são devolvidos à desejada e tranquila terra natal.

3

De qualquer modo, todos aqueles que se dirigem para a região da vida feliz devem evitar com a máxima cautela um enorme monte situado diante do porto, pois ele é demasiado terrível e causador de grande angústia a quem lá pretende entrar. Em razão de seu brilho intenso e por ser revestido de uma luz ilusória, tal monte se mostra habitável e promete a satisfação das vontades no lugar da terra abençoada, não apenas para aqueles que chegam ao porto, mas, muitas vezes, atrai também para si aqueles que lá já entraram, detendo-os com a sedução de seu cume elevado, a partir do qual parece que se podem desprezar todos os outros cumes. Esses últimos, entretanto, avisam aos que se aproximam para que não se deixem enganar pelos escolhos escondidos abaixo ou para que não considerem fácil demais a travessia até onde estão, e indicam, com grande benevolência, por qual parte do porto podem entrar, evitando assim o perigo dos escolhos próximos. Assim, eles os dissuadem da glória vã, indicando-lhes o lugar mais seguro. Que outro monte se apresenta tão temível para aqueles que estão prestes a entrar ou que já entraram no porto da filosofia, a não ser o afeto altivo da glória vã? Mas tal monte é tão desprovido de substância e de solidez que, rompendo o frágil terreno sob os pés daqueles que caminham sobre ele com soberba, os submerge e os absorve e, envolvendo-os em trevas, retira deles a esplendorosa morada que mal haviam avistado.

4

Meu caro Teodoro, sendo assim tais coisas, peço-lhe que me escute, pois, para obter aquilo que desejo, posso me dirigir apenas a você, pois somente a você conheço que me possa ajudar. Escute-me, pois, em qualquer lugar que eu julgue estar e qualquer que seja a natureza da ajuda, estou decidido a lhe esperar. Desde o décimo nono ano de minha vida, após ter estudado o livro de Cícero intitulado *Hortênsio*, na escola de retórica, a filosofia me inflamou com tanto amor que considerei imediatamente me dedicar de todo a ela. Contudo, não faltaram névoas para me embaralhar o caminho e, confesso, por um longo tempo observei os astros que me atraíram ao engano mergulharem no oceano, pois uma certa superstição pueril me amedrontava até de minha própria busca. Quando, então, mais maduro, afastei aquele nevoeiro, convenci-me de que se deve acreditar mais naqueles que oferecem ensinamentos do que naqueles que impõem preceitos. Deparei-me com certos homens para os quais esta luz, que com os olhos se vê, parecia dever ser colocada entre as adoráveis coisas supremas e divinas. Eu não concordava com eles. Contudo, acreditava que eles ocultassem algo grandioso sob aqueles invólucros e que algum dia isso me seria revelado. Mas, depois de tê-los contradito, eu os abandonei, especialmente depois de ter atravessado esse mar Mediterrâneo. Contudo, por longo tempo, os acadêmicos seguraram o timão do meu navio, contrário a qualquer vento em meio às vagas. Vim, então, para as terras do norte, e aqui compreendi em quem deveria confiar. Já que, muitas vezes, nos discursos do nosso sacerdote e, às vezes, nos seus, percebi que quando se pensa em Deus não se deve pensar em nada material, e assim também é em relação à alma, que entre todas as coisas é aquela que mais se assemelha a Deus. Confesso que me refreei de voar prontamente ao seio da filosofia pela ilusão de me desposar e de conquistar honras. Quando obtivesse essas coisas, que a poucos afortunados foram concedidas, finalmente, então, me lançaria de vento em popa e com toda a força dos remos naquele seio, e lá repousaria. Tendo lido pouquíssimos livros de Platão, o qual sei que é seu objeto de estudo, e tendo confrontado com tais livros – o quanto pude – a autoridade daqueles que nos transmitiram os mistérios divinos, tanto me inflamei que quis interromper qualquer demora e içar a âncora, se a opinião de alguns homens não tivesse me detido. O que mais me restava, além do socorro de uma tempestade que poderia ser considerada adversa? A mim, que deixava o tempo escorrer inutilmente? E então uma fortíssima dor no peito me tomou, pois já não era capaz de sustentar o peso daquela profissão, por meio da qual eu velejava, quem sabe, em direção ao mar das sereias. Abandonei tudo e conduzi a minha pequena nau, ainda que destroçada e rasgada, à almejada tranquilidade.

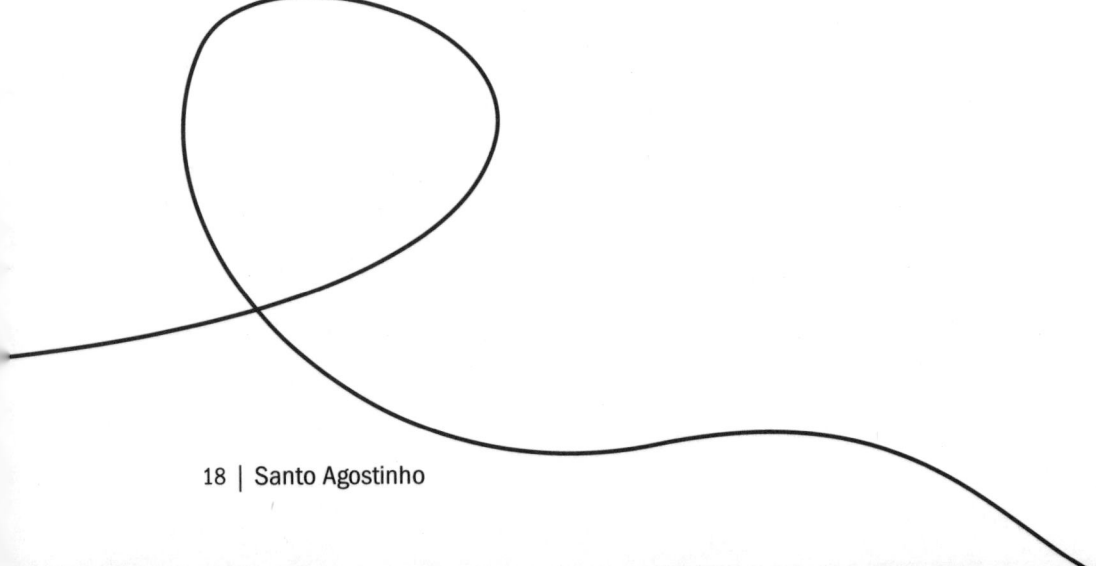

5

Você pode ver, então, para qual filosofia, como que para um porto, eu vou navegando. Mas esse é um porto muito amplo e, mesmo sendo menos perigoso que o alto-mar, tal amplidão, contudo, não afasta o erro, pois ignoro completamente para onde devo me dirigir a fim de alcançar a terra abençoada, que certamente é uma só. O que, de fato, consegui de concreto, enquanto ainda é flutuante e incerto o destino da minha alma? E é por isso que eu lhe suplico para que você me estenda a sua mão direita, pela sua virtude, pela sua humanidade, pelo vínculo e afinidade que une as nossas almas, e lhe peço calorosamente que você me estime e que acredite que é muito estimado e respeitado por mim. E se eu puder implorar à vida feliz, a qual julgo que você já possua, a ela me dirigirei facilmente e com pouco esforço. Para que você possa conhecer aquilo que faço e de que maneira estou reunindo os meus mais caros neste porto e, a partir disso, você possa vir a conhecer o meu espírito (já que não encontro outros sinais pelos quais me manifestar) e possa compreender mais completamente a causa dos meus questionamentos, dos quais me parece ter saído mais religioso e, portanto, mais digno da sua proteção, pensei em escrevê-los para você e intitulá-los com o seu nome. E isso, na verdade, vem muito a propósito, já que sobre a vida feliz já debatemos e não vejo, além de você, algo que possa ser melhor denominado como o *Dom de Deus*. A sua eloquência não me desanima, pois não posso temer aquilo que amo, ainda que não o possua. Menos ainda a magnitude da sua sorte que, por maior que seja, é propícia a você, já que ela torna prósperos aqueles que a sabem dominar. O que mais posso acrescentar? Por favor, escute-me.

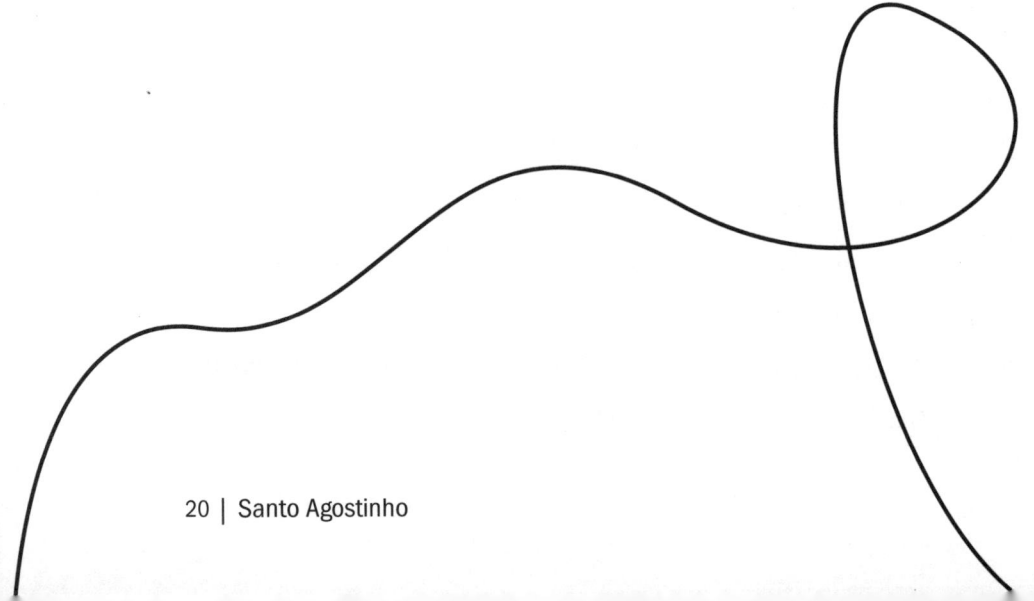

6

No dia 13 de novembro era o dia dos meus anos. Após um almoço bastante frugal, para que as faculdades mentais não se ressentissem, chamei para conversar todos os que conviviam comigo não só naquele dia, mas quotidianamente, nas salas junto aos banhos públicos, já que aquele era o lugar mais adequado à estação e também o mais reservado. Como a sua bondade é única, não temo revelar-lhe seus nomes. Eram eles: primeiramente, minha mãe, a cujos méritos atribuo tudo o que sou; Navígio, meu irmão; Trigésio e Licêncio, cidadãos e meus discípulos; e não quis que faltassem Lastidiano e Rústico, meus primos que, embora não tivessem frequentado uma escola de gramática, julguei que o bom senso deles era necessário para o tema sobre o qual eu refletia. Estava também conosco o mais jovem de todos, mas cuja inteligência, se o amor não me ilude, promete algo grandioso: meu filho Adeodato. E quando estavam todos atentos, comecei.

PRIMEIRO DIA

7

— Vocês consideram evidente que somos compostos de corpo e de alma?

E todos tendo concordado, Navígio respondeu que ignorava tal fato.

E eu disse então: — Você ignora todas as coisas ou, ignorando somente esta, ela também se inclui naquelas que desconhece?

— Não acredito que eu ignore tudo.

— Poderia nos dizer alguma das coisas que conhece?

— Sim, posso.

— Então diga, se não se importa — respondi.

E por ele se mostrar incerto, acrescentei: — Você tem, pelo menos, consciência de estar vivo?

— Sim, tenho.

— Sabe que tem uma vida, já que sem a vida ninguém consegue viver?

— Também sei disso.

— E sabe também que possui um corpo?

Ele assentiu.

— Portanto, você já sabe que é composto de um corpo e de uma vida.

— Estou ciente disso, mas não tenho certeza se existem somente essas duas coisas.

— Então você não tem dúvida de que existam essas duas coisas, isto é, corpo e alma, mas não tem certeza se existe mais alguma coisa que contribua para completar e aperfeiçoar o homem?

— É isso.

— O que pode ser essa coisa, nós a investigaremos em outra ocasião, se pudermos. Agora pergunto a todos vocês (já que concordamos que o homem não pode existir sem ter um corpo e sem ter uma alma) por causa de qual dos dois temos apetite por alimento.

— Por causa do corpo — disse Licêncio.

Mas os outros hesitavam em responder e, com muitas conversas entre eles, discutiam como o alimento poderia ser necessário por causa do corpo, já que ele é desejado para conservar a vida, e a vida pode pertencer somente à alma.

Então eu disse: — Vocês consideram, portanto, que o alimento pertence àquela parte que, graças a ele, vemos crescer e se tornar mais robusta?

Todos concordaram, exceto Trigésio, que disse: — Por que eu não cresci muito, então, apesar da minha voracidade?

— A natureza determinou um limite para todos os corpos — respondi —, além do qual não é possível avançar. Entretanto, os corpos seriam ainda menores se lhes faltasse o alimento, como observamos claramente nos animais. E ninguém duvida de que, sem comida, o corpo dos animais emagrece.

— Emagrece — acrescentou Licêncio —, não diminui.

— Isso é suficiente para o que pretendo — repliquei —, já que a questão é se o alimento pertence ao corpo e, de fato, a ele pertence, pois, se retirado, conduz ao emagrecimento.

Todos concordaram com isso.

8

— E o que dizer da alma? — retomei. — Também ela não tem o seu próprio alimento, ou vocês julgam, talvez, que o alimento da alma seja a ciência?

— Certamente — respondeu minha mãe —, não acredito que a alma se alimente de nada além de conhecimento e das coisas do saber.

Sobre este argumento, Trigésio se mostrou duvidoso.

— Hoje mesmo — disse ela — você não nos ensinou do que e onde a alma se nutre, quando, à certa altura do almoço, afirmou que não havia notado que louça usávamos, porque estava pensando em outra coisa qualquer, embora a sua mão e a sua boca não se abstivessem da iguaria? Onde estava, então, o seu espírito, enquanto você comia? Portanto, creia-me, o espírito se nutre de tais alimentos, isto é, do raciocínio e dos pensamentos, de modo a poder entender as coisas por meio deles.

E começaram a se agitar e colocar em dúvida esta afirmação.

— Vocês admitem — perguntei — que as almas dos eruditos talvez sejam maiores e mais completas do que as almas dos ignorantes?

— É claro — responderam.

— Portanto, temos razão ao afirmar que os espíritos daqueles que não são instruídos em nenhuma disciplina são vazios e ávidos, e nada obtêm das artes nobres.

— Penso que o espírito deles seja repleto de vícios e nequícia — disse Trigésio.

— E isso, creia-me, é quase uma espécie de carência e de fome dos espíritos. Pois assim, quando lhe retiramos o alimento, o corpo muitas vezes se cobre de doenças e de peste, alterações que indicam a provação pela qual estão passando, também o espírito dos ignorantes é cheio de doenças que testemunham a sua inanição. E, de fato, quiseram os antigos que da palavra que significa "nada ser" (*nequidquam*) viesse o nome nequícia, isto é, a perversidade, a mãe de todos os vícios. E a virtude que se contrapõe à perversidade foi denominada *frugalidade* (temperança), pois a ela foi dado o nome dos frutos da terra (*frugis*), devido a uma espécie de fecundidade dos espíritos, de modo que da esterilidade, ou seja, do nada, foi denominada a *nequícia*, a perversidade. Pois, como aquilo que flui, derrete, desmancha e se perde quase em continuidade *nada* é, assim há também certos homens, os quais foram chamados de *homens perdidos*. Ao contrário, tudo aquilo que permanece, que subsiste e é sempre igual é *algo*, como é, justamente, a virtude, da qual as chamadas temperança e frugalidade compõem uma grande e bela parte. Mas se isso é algo mais obscuro de quanto vocês conseguem entender, com certeza concordarão comigo sobre essa questão: que mesmo os espíritos dos ignorantes podem estar saciados e que, tanto para os corpos quanto para os espíritos, existem dois tipos de alimento, um saudável e útil e o outro doentio e pestilento.

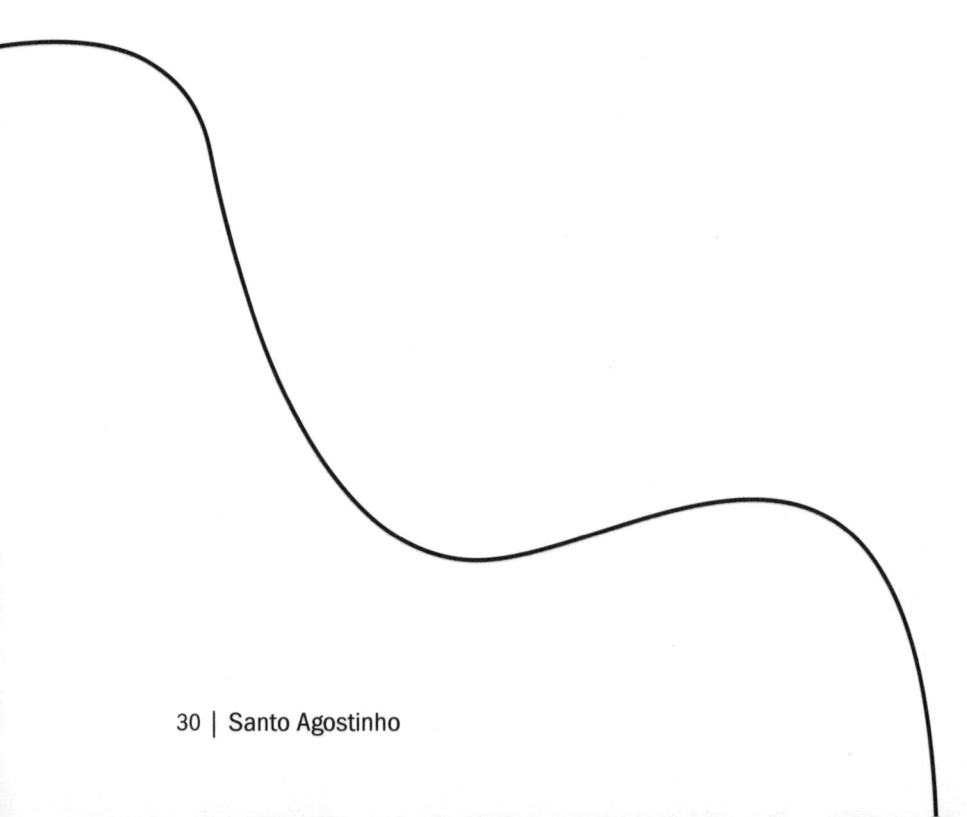

9

Estando assim as coisas e tendo ficado acertado entre nós que o homem é formado de duas substâncias, ou seja, corpo e alma, acredito que seja meu dever, no dia do meu aniversário, oferecer um banquete um pouco mais abundante não apenas aos corpos, mas também, do mesmo modo, aos nossos espíritos. Qualquer que seja esse banquete, só vou oferecê-lo caso vocês demonstrem ter apetite por ele, pois se eu me esforçar para fazer com que vocês se alimentem dele a contragosto e repugnados, inutilmente me daria ao trabalho e faria melhor desejando que vocês tivessem mais vontade de tais pratos do que aqueles que alimentam o corpo. Mas vocês terão vontade deles se seus espíritos estiverem saudáveis, porque os doentes, como justamente vemos nas doenças do corpo, recusam e rejeitam o alimento que lhes convém.

Todos aprovaram com o rosto ou com a voz e disseram desejar como alimento e devorar aquilo que eu lhes oferecesse.

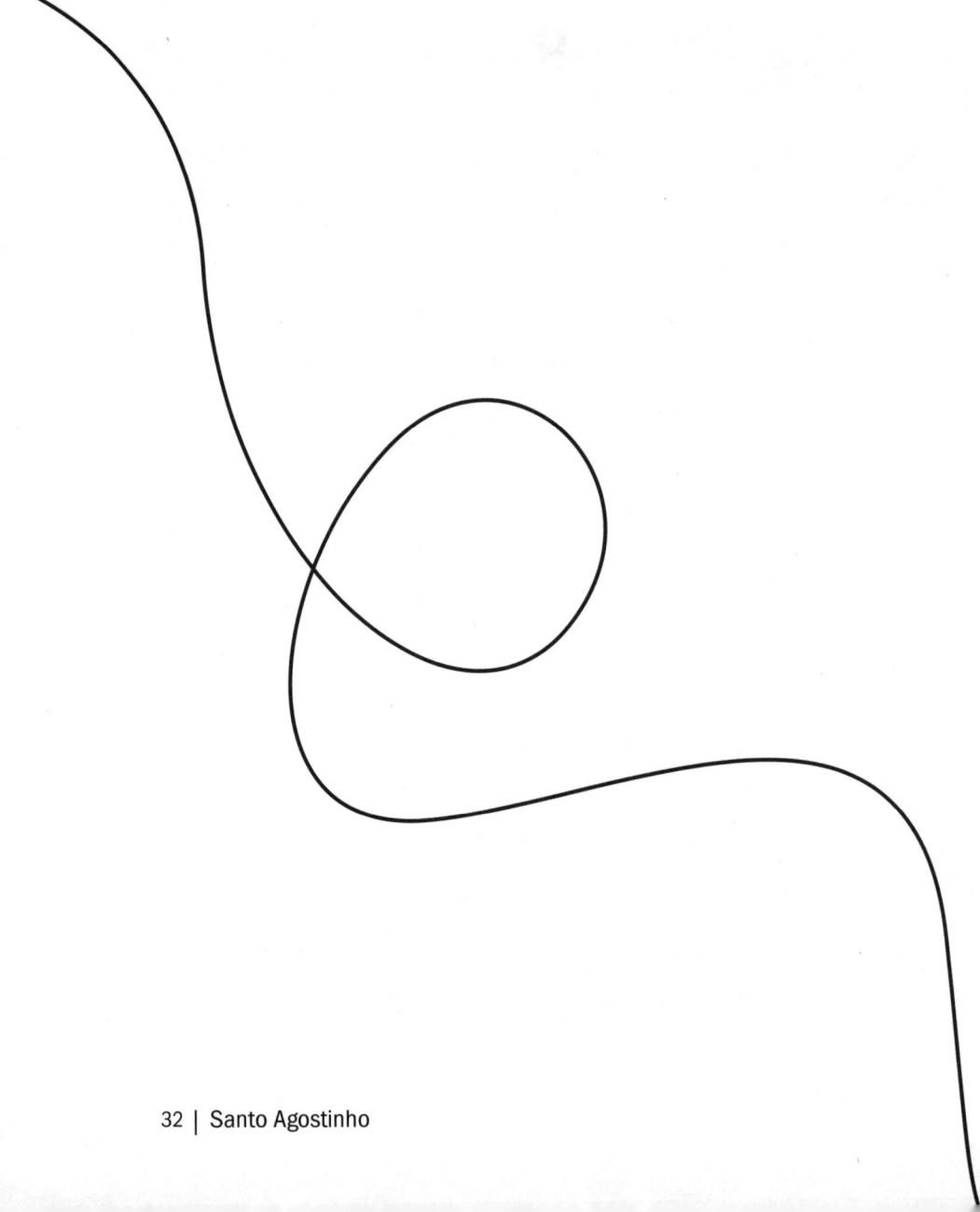

10

Então recomecei e disse: — Queremos ser felizes?

Assim que o disse, todos concordaram ao mesmo tempo.

— Vocês acham, então, que feliz é aquele que não tem o que quer?

Eles negaram.

— Será, talvez, que é feliz aquele que tem o que quer?

— Então — disse minha mãe —, se alguém quer e tem algo que é bom, é feliz, mas se uma pessoa quer o mal, por mais que o tenha, será miserável.

E ao ouvir isso eu sorri e levantei as mãos, dizendo: — Minha mãe, você realmente chegou ao ápice da filosofia, já que não lhe faltaram as palavras para se expressar, assim como para Cícero, a quem pertence essa frase. De fato, em seu livro que louva e defende a filosofia, intitulado *Hortênsio*, ele disse:

"Não somente os filósofos, mas também todos os que estão dispostos a debater, dizem que felizes são aqueles que vivem como lhes agrada, o que é claramente falso, porque querer aquilo que não é honesto traz a infelicidade absoluta. Nem o não obter aquilo que se quer é infelicidade tão grande quanto o se apoderar daquilo que não convém".

Já que é maior o mal que traz consigo a perversidade do querer que o bem que nos é trazido pela sorte.

E, ao proferir aquelas palavras, ela falava tão firmemente que esquecemos completamente do seu sexo e quase acreditamos que entre nós estivesse algum homem ilustre, porém eu, tanto quanto pude, tentava compreender como e de qual fonte divina proviesse tudo aquilo.

E Licêncio disse: — É preciso que você diga agora aquilo que se deve querer para ser feliz e de quais coisas é necessário ter vontade.

— Convide-me para a festa do seu aniversário, se for do seu agrado, e com muito prazer comerei aquilo que você quiser me oferecer. Com esta condição, eu lhe peço hoje para participar do meu banquete e não me pedir o que talvez não esteja preparado.

E tendo ele se arrependido do seu modesto mas honesto aparte, acrescentei: — Fica estabelecido, então, que não consideramos feliz aquele que não tem o que quer, assim como nem todos os que têm o que desejam são felizes?

Todos concordaram.

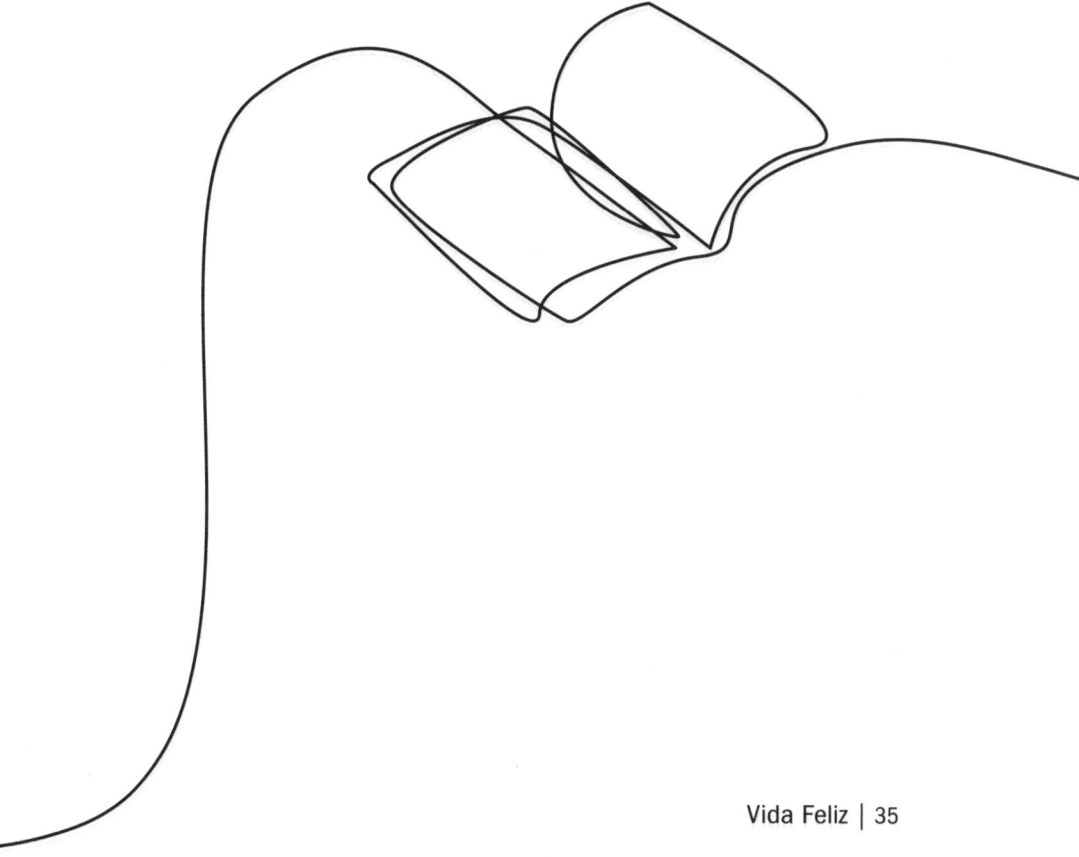

11

— Concordam também com isto, quer dizer, que é miserável aquele que não é feliz?

Não duvidaram.

— Portanto, aquele que não tem o que quer é miserável.

A afirmação agradou a todos.

— Agora preciso dizer o que é necessário obter para que um homem seja feliz? Mas talvez esse prato também seja oferecido no nosso banquete, para não decepcionar a avidez de Licêncio, considerando que devo, justamente, dar-lhe o que quiser, quando quiser.

Todos concordaram.

— Essa coisa, portanto, deve consistir em algo que sempre perdura, que não depende da sorte e tampouco é sujeito a qualquer acontecimento. Apesar de que tudo que é mortal e efêmero não pode ser possuído por nós nem quando queremos nem pelo tempo que gostaríamos.

Todos concordaram, mas Trigésio disse: — Há muitos afortunados que possuem abundantemente essas coisas frágeis e sujeitas aos acontecimentos, mas que alegram a vida, e não lhes falta nada que queiram possuir.

E a isso eu respondi: — Aquele que teme lhe parece ser feliz?

— Acho que não.

— Ora, se alguém pode perder aquilo que ama, pode não ter medo? Não pode.

— Mas já que podemos perder as coisas sujeitas ao acaso, disso resulta que quem as ama e as possui não pode ser feliz de nenhuma maneira.

Não houve oposição. Nesse ponto minha mãe começou a dizer: — E mesmo quando tivesse a certeza de que nunca perderia nenhuma dessas coisas, ainda assim não poderia se saciar delas e, portanto, seria miserável, pois teria sempre necessidade de coisas novas.

— Mas — retruquei — se alguém dotado abundantemente de bens controlasse seus desejos e, satisfeito com eles, aproveitasse-os de modo decente e alegre, você não o consideraria feliz?

— Nesse caso ele seria feliz não graças aos seus bens, mas graças à moderação de seu espírito.

— Excelente. Você não poderia dar outra resposta a essa pergunta e nem outra resposta poderia se esperar de você. Portanto, não posso duvidar de que aquele que deixou de ser feliz deva obter tal bem que a tudo resista e que não possa ser roubado por nenhum golpe do acaso.

— Já concordamos com isso há muito tempo — disse Trigésio.

— Vocês acham então — acrescentei — que Deus seja eterno e a tudo resista?

— Isso é tão certo que não há necessidade de questionar — respondeu Licêncio.

E todos os outros concordaram, com piedosa devoção.

— Então — disse eu —, quem tem Deus consigo é feliz.

12

E tendo isso sido aceito com ânimo disposto e alegre, recomecei: — Não nos resta nada mais para investigar, exceto quem são os homens que têm consigo Deus, pois aqueles certamente são felizes. E sobre essa questão eu pergunto a opinião de vocês.

— Quem tem Deus consigo é quem vive bem — respondeu Licêncio.

— Quem tem Deus consigo — disse Trigésio — é aquele que faz as coisas segundo a vontade de Deus.

E sobre isso Lastidiano concordou.

O mais jovem de todos disse, finalmente: — Quem tem Deus consigo é quem não tem o espírito impuro.

E minha mãe aprovou todas as respostas dadas, mas especialmente esta.

Navígio permanecia calado, mas, após eu tê-lo questionado, respondeu que lhe agradava a última afirmação. Considerei que era importante não negligenciar a opinião de Rústico, que me parecia calado, mais por pudor do que por falta de decisão. Ele concordou com Trigésio.

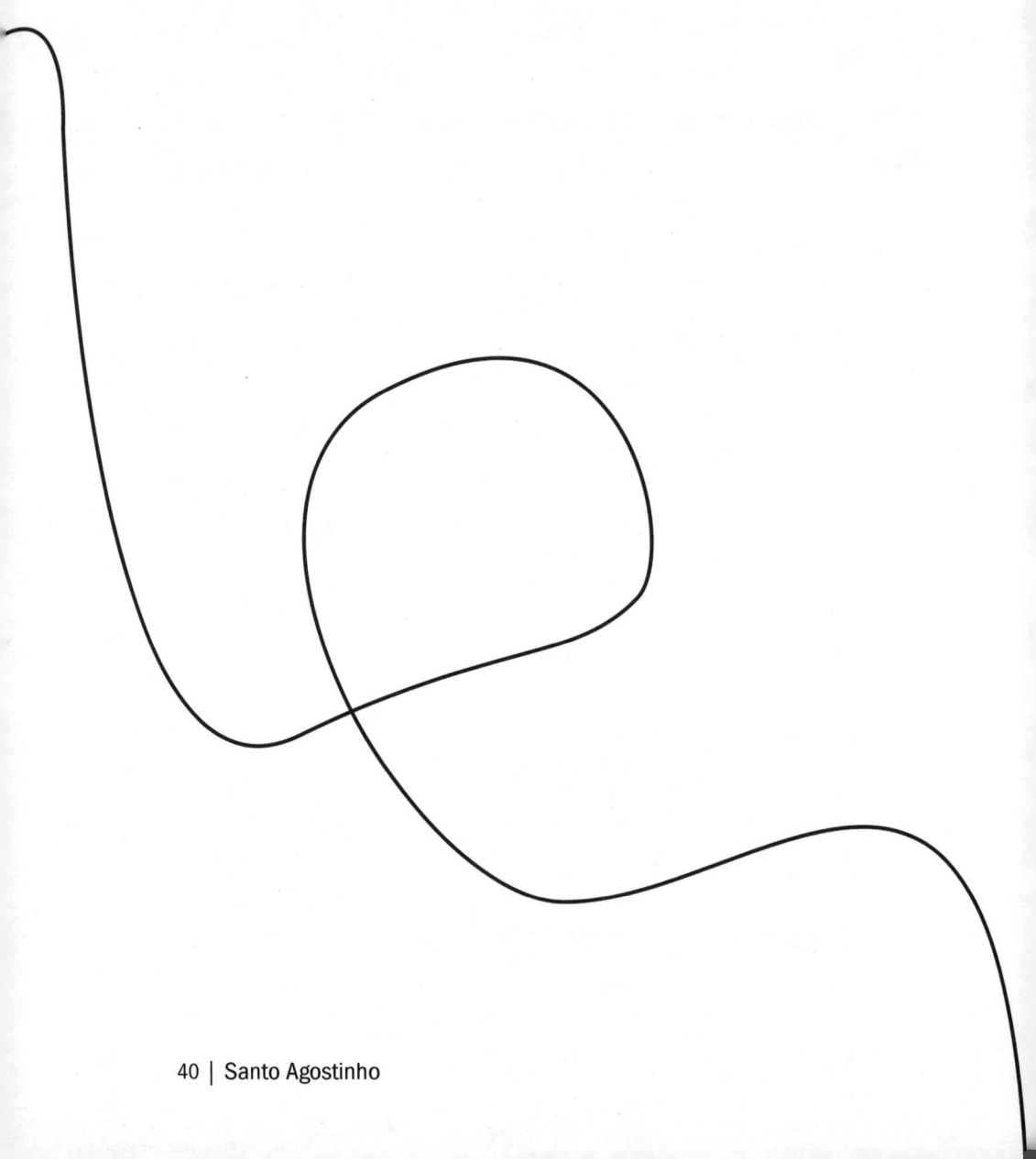

13

— Eu aprovo — retomei — todas as opiniões de vocês sobre essa questão de tamanha importância, da qual nenhuma é maior nem merecedora de mais questionamentos se, como já começamos a fazer, queremos continuar com espírito sincero e lúcido. Mas por ser tal questão longa demais para o dia de hoje e sendo também as mentes, em seus banquetes, sujeitas a uma certa intemperança, caso se lancem ao tema de modo desmedido e voraz (pois daí advém uma má digestão que não é menos perigosa à sanidade da mente do que a própria fome), é melhor que essa discussão seja guardada ao apetite que dela tivermos amanhã, se vocês assim desejarem. Gostaria, entretanto, que vocês provassem de bom grado aquilo que eu, seu anfitrião, penso em oferecer. E isso seria, se não me engano, aquilo que se chamava de o último prato, uma preparação manipulada com o mel escolástico.

Assim que ouviram isso, todos se ergueram como para receber uma iguaria surpreendente, e me apressaram em dizer-lhes do que consistia.

— Como vocês julgam que essa discussão teria sido concluída se os acadêmicos tivessem participado dela? Ao proferir esse nome, os três que tinham conhecimento sobre o assunto, com a maior prontidão, levantaram-se e estenderam as mãos, como se costuma fazer para ajudar quem está servindo, mostrando, desse modo, que ouviriam tudo de bom grado.

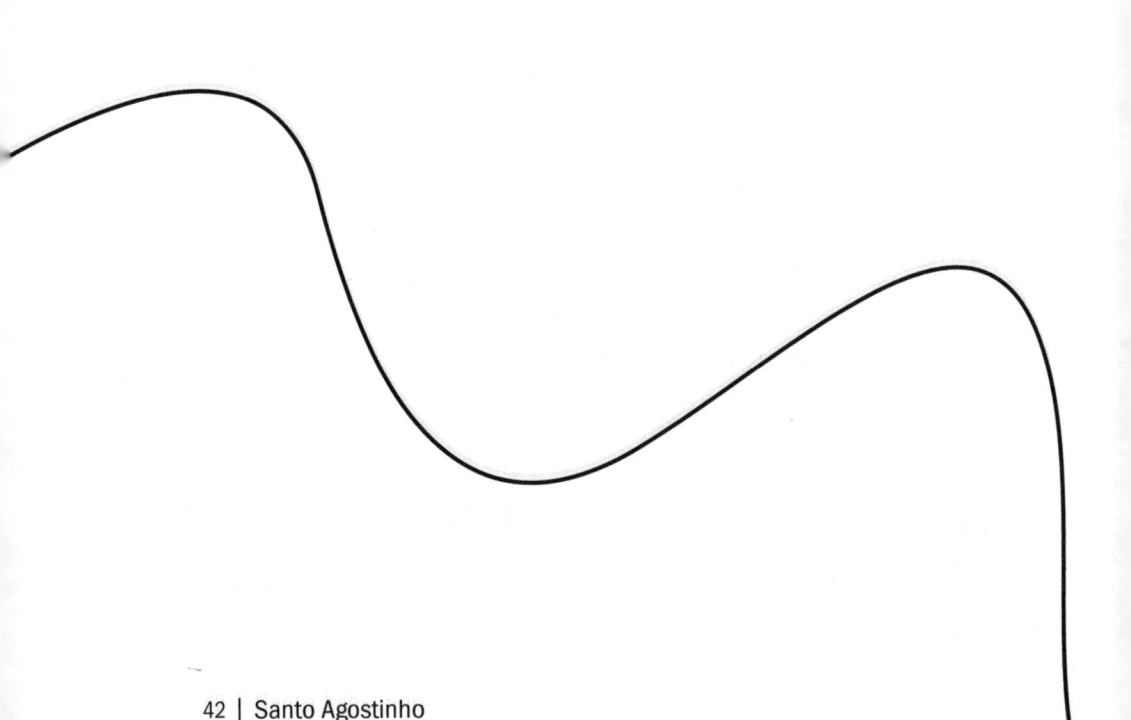

14

Então propus a questão desta forma: — É evidente, como há pouco foi demonstrado pela razão, que não pode ser feliz aquele que não tem o que deseja. E fica claro que ninguém busca aquilo que não deseja e, como sempre, todos buscamos a verdade, todos queremos reencontrá-la, queremos possuir a verdade. Mas já que eles, os acadêmicos, não a encontram, consequentemente eles não têm o que querem. Portanto, não são felizes. Ninguém é sábio se não é feliz, então os acadêmicos não são felizes.

Meus convidados, então, como se quisessem tomar uns dos outros a comida servida, ergueram a voz.

Mas Licêncio, mais atento e cauteloso no pensar, hesitou em concordar e acrescentou: — Eu também peguei a minha parte, pois ergui a voz, comovido por esta conclusão, mas ela não entrará no meu estômago. Vou guardá-la para Alípio, porque ou ele a experimentará junto comigo, ou me avisará do motivo pelo qual não convém dela se alimentar.

— É Navígio quem deveria temer os doces, já que é doente do baço.

Mas ele respondeu, sorridente: — Ao contrário, doces feitos dessa maneira me curarão. Pois, não sei como, o motivo que você apresentou é convincente e perspicaz, e é também (como disse alguém sobre o mel de Himeto) agridoce e não incha as vísceras. E por isso, embora tenha o gosto um tanto picante, de boa vontade e do jeito que puder, eu a ingerirei completamente, pois não vejo de que maneira possa se contestar essa conclusão.

— De modo algum se pode contestá-la — disse Trigésio —, e eu tenho o prazer de ter uma antiga inimizade com eles, devido a algum impulso da natureza, ou, melhor dizendo, de Deus, mesmo sem saber como se poderia combatê-los, eu já me sentia contra eles.

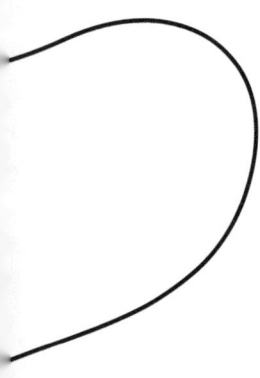

15

E, neste ponto, Licêncio retrucou: — Eu ainda não os abandono.

— Então — disse Trigésio — você discorda de nós?

— E por acaso vocês não discordam de Alípio?

— Contudo, não duvido — eu lhe disse — que, se Alípio estivesse presente, ele se opusesse a essa razão. De fato, ele não poderia raciocinar de modo tão absurdo e acreditar que seja feliz aquele que, desejando ardentemente o maior bem do espírito, que é a verdade, não a possua, ou que eles não queiram encontrá-la, ou que aquele que não é feliz é sábio. Pois desses três ingredientes isso é feito, assim como o doce que você teme provar é elaborado com trigo, mel e nozes.

— Ele cederia a essa pequena isca infantil, abandonando tamanha abundância dos acadêmicos, em razão desse breve discurso que seria facilmente arrastado ou encoberto por uma inundação? — acrescentou Licêncio.

— Como se — retomei — nós quiséssemos produzir rumores, especialmente contra Alípio! E se ele estivesse aqui presente, julgaria bastante fortes e convincentes essas breves palavras. Mas e você, que gosta de defender a autoridade dos ausentes, qual dessas três proposições você refuta? Talvez aquela que diz que não é feliz quem não tem aquilo que deseja? Você nega, então, que eles desejam encontrar a verdade que ardentemente buscam? Ou você acredita que alguém pode ser sábio sem ser feliz?

— É muito feliz — disse com expressão de desdenho — quem não tem o que deseja.

E, ao me ver mandar que isso fosse escrito, gritou: — Eu não disse isso.

E, estabelecendo eu que a frase oposta fosse escrita, ele acrescentou: — Eu disse isso.

Mas eu já havia dado ordem para que nenhuma outra palavra fosse escrita além daquelas respostas cruas. Assim eu mantinha o jovem se debatendo entre o recato e a constância.

16

Mas enquanto zombava dele com essas palavras e o incitava a ingerir sua porção, observei que os outros, ignorantes de tudo, mas desejosos de saber do que tratávamos tão agradavelmente entre nós, fitavam-nos seriamente. E me pareceram semelhantes àqueles que, como muitas vezes acontece, estando em um banquete com convidados ávidos e vorazes, se contêm por seriedade ou se abstêm por pudor em apanhar a comida. E como fora eu a convidar e desempenhava o papel de ilustre figura, aliás, explicando melhor, desempenhava o papel de um verdadeiro anfitrião, mesmo que fosse uma espécie de banquete da alma, não pude suportar tal coisa, e me comoveram a desigualdade e a divisão em nossa refeição.

Sorri à minha mãe e ela, de maneira desenvolta, quase como se mandasse trazer da despensa aquilo que nos faltava, disse: — Revele-nos quem são esses acadêmicos e o que querem dizer?

E então informei-lhes brevemente, mas de modo claro, a fim de que nenhum deles ficasse sem conhecê-los.

— Esses homens — acrescentou ela — são *caducos*, como o povo costuma chamar aqueles que sofrem de epilepsia.

Em seguida ergueu-se e foi embora.

E assim, com todos felizes e sorridentes, terminado o debate, saímos.

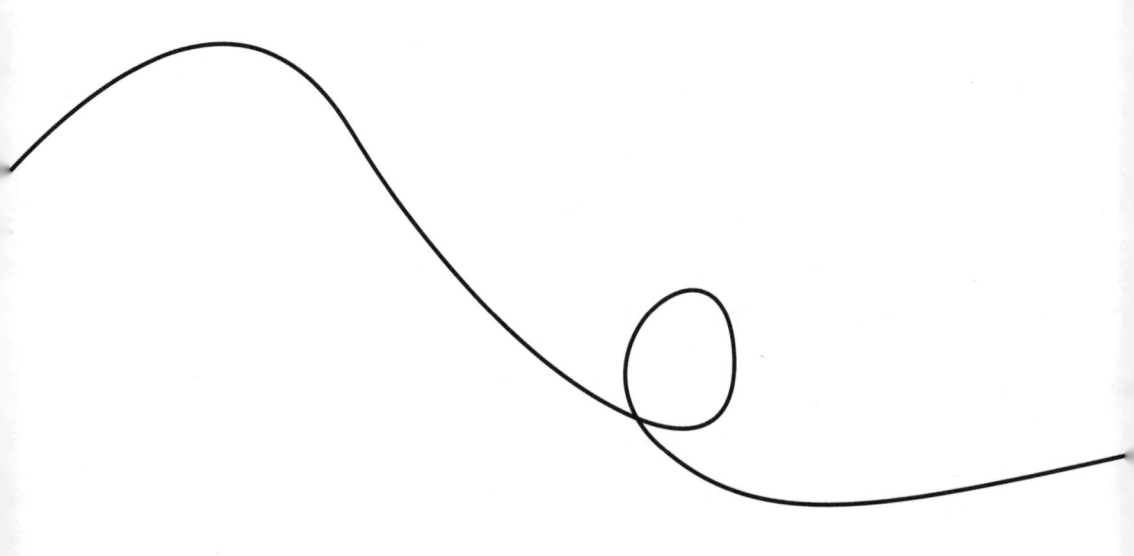

SEGUNDO DIA

17

No dia seguinte, também depois do almoço, mas um pouco mais tarde, sentados no mesmo lugar e da mesma maneira, eu disse: — Vocês vieram bem tarde para o banquete, e não creio que isso tenha acontecido devido à indigestão, mas porque vocês tinham certeza de que haveria pouco alimento, e por isso não vieram para cá tão prontamente, supondo que logo nada mais haveria. De fato, não havia razão para acreditar que houvesse sobrado muito, pois no próprio dia da festa do meu aniversário já haviam encontrado pouco. Então, talvez vocês tenham feito bem. Mas, assim como vocês, também ignoro o que está preparado para hoje. Mas há alguém que nunca nega nenhum tipo de alimento a ninguém, especialmente desse tipo. Somos nós que, na maioria das vezes, por estupidez, por saciedade ou por algum problema, nos abstemos de prová-lo. Ontem ficou acertado entre nós, se não me engano, de modo imutável e devoto, que são felizes os homens nos quais Ele habita. Portanto, tendo a razão demonstrado que feliz é aquele que tem Deus consigo, e já que nenhum de vocês se opôs a essa afirmação, perguntei quem vocês consideram que tenha Deus consigo. E sobre isso foram proferidas três opiniões: embora alguns considerem que tem Deus consigo aquele que se conforma à Sua vontade, alguns afirmaram que aquele que vive honestamente tem consigo Deus. E os demais consideraram que tem Deus consigo aquele que não possui o espírito impuro.

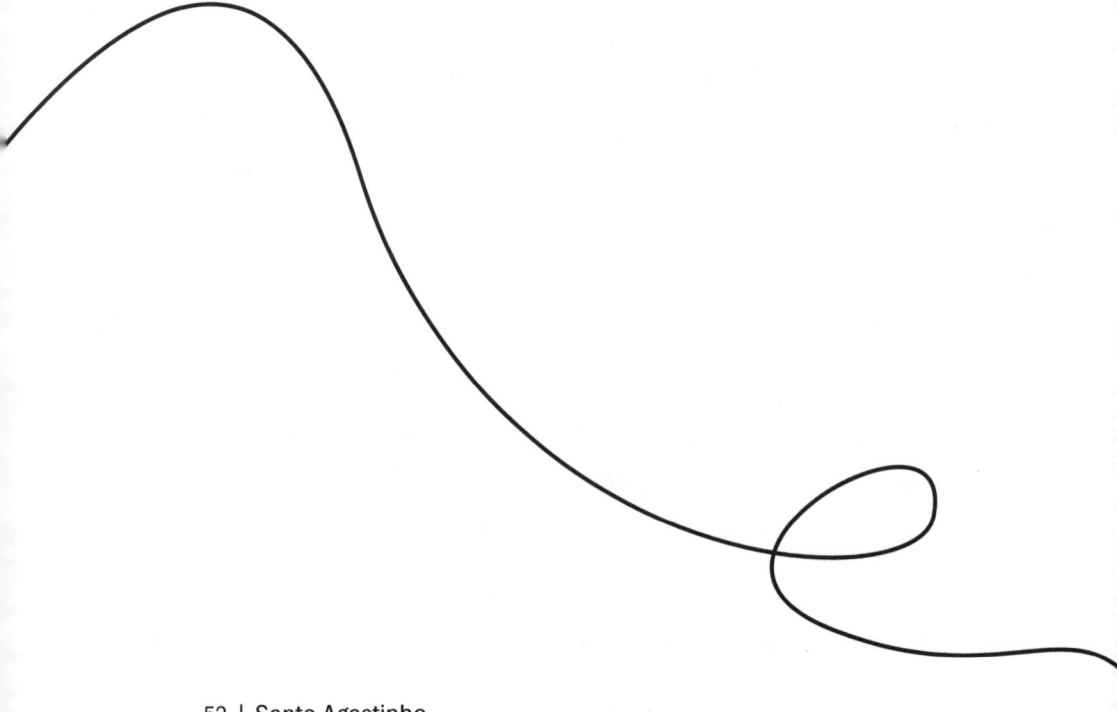

18

— Talvez, com palavras diferentes, vocês tenham todos feito a mesma afirmação. De fato, se consideramos as duas primeiras opiniões, aquele que vive honestamente se conforma à vontade de Deus e aquele que se conforma à vontade de Deus vive honestamente, pois o viver honestamente nada mais é do que fazer aquilo que agrada a Deus. Vocês concordam com isso?

Todos concordaram.

— E a terceira deve ser considerada com um pouco mais de cuidado, porque, segundo o que pregam os ritos da Santa Religião, o espírito impuro pode ser entendido de duas maneiras, pelo que sei. De uma das maneiras, se entende que é aquilo que vem de fora e invade a alma e perturba os sentidos, suscitando nos homens uma certa exaltação.

E para expulsar tal espírito impuro, aqueles que são encarregados impõe-lhes as mãos, ou seja, com exorcismos, por trazerem algo de divino em si, expulsam tais espíritos. De outro modo, considera-se espírito impuro todas as almas que sejam realmente impuras, que são impregnadas de erros e de vícios. Portanto, pergunto a você que é o mais jovem, que com espírito sereno e puro proferiu essa afirmação, quem você considera que não tenha o espírito impuro? Aqueles que não trazem consigo o demônio que costuma deixar os homens exaltados ou aqueles que limparam a própria alma de todos os vícios e de todos os pecados?

— A mim parece — ele respondeu — quem não tem o espírito imundo é aquele que vive castamente.

— Mas o que você entende por casto? Talvez aquele que não peca em nada ou somente aqueles que se abstêm de relações ilícitas?

— Como pode ser casto — replicou — aquele que somente se abstém de relações ilícitas, mas não deixa de se sujar com outros pecados? Verdadeiramente casto é aquele que se dedica à vontade de Deus e se atém somente a Ela.

Como as palavras do jovem me agradaram, mandei que fossem escritas tais como haviam sido ditas, e às quais acrescentei: — Portanto, deve tal homem viver honestamente, mas não é necessariamente impuro aquele que vive honestamente. Você não tem a mesma opinião?

E todos os outros também concordaram com isso.

— Portanto — recomecei —, as respostas dadas são apenas uma e única afirmação.

19

— Mas eu ainda lhes pergunto: Deus quer ou não que o homem o busque?

Responderam afirmativamente.

— E mais: podemos dizer que aquele que busca Deus vive mal?

— De modo nenhum — responderam.

— Respondam também a mais esta pergunta: o espírito impuro pode buscar Deus?

Negaram, mas Navígio se mostrava um pouco duvidoso, e finalmente cedeu à opinião dos outros.

— Então — retomei, — aquele que busca Deus faz o que Ele quer, vive honestamente e não tem o espírito impuro. Mas aquele que busca Deus ainda não o tem consigo. Consequentemente, nem todos os que vivem honestamente, ou fazem aquilo que Deus deseja ou que não têm o espírito impuro podem dizer que têm Deus consigo.

E riram todos, pois perceberam que haviam sido ludibriados por suas próprias opiniões. Minha mãe, que ficara por muito tempo perplexa, pediu que eu lhe explicasse e elucidasse o intrincado argumento que eu tecera por ter a necessidade de concluir algo.

E após eu tê-lo feito, ela declarou: — Ninguém pode chegar até Deus sem buscá-lo.

— Muito bem — respondi —, porém quem o busca ainda não chegou a Ele, ainda que viva honestamente. Portanto, nem todos os que vivem honestamente têm Deus consigo.

— Na minha opinião — disse ela —, não há ninguém que não tenha Deus consigo de modo algum. Apenas me parece que aquele que vive bem o tenha favorável a si e quem vive mal o tenha contrário a si.

— Então, ontem fizemos mal em concordar sobre a questão de ser feliz aquele que tem Deus consigo, se é verdade que todos os homens têm Deus e, contudo, nem todo homem é feliz.

— Acrescente então quem o tem a seu favor — disse ela.

20

— Pelo menos concordamos que quem tem Deus a seu favor é feliz?

— Queria concordar — disse Navígio —, mas temo por aqueles que buscam Deus. Contudo, não quero que você conclua que os acadêmicos são felizes, pois ontem fui chamado de *caduco* (epilético), uma palavra vulgar, mas oportuna. Pois não posso dizer que Deus seja contrário ao homem que o busca, e se não se pode dizer que ele o tem contra si, então o tem favorável, e quem o tem favorável é feliz. Portanto, feliz é aquele que busca Deus. Mas aquele que o busca não tem aquilo que deseja. Portanto, é feliz aquele que não tem o que quer. Isso ontem nos parecia absurdo, pois já acreditávamos ter eliminado os argumentos dos acadêmicos. E por causa disso Licêncio nos derrotará e, como um médico cauteloso, fará notar que pago esta pena devido aos doces que devorei ontem, mesmo em prejuízo da minha saúde.

21

Desta vez, até minha mãe riu, e Trigésio acrescentou: — Eu não admito que se Deus não é favorável a alguém ele necessariamente lhe seja contrário, mas acredito que haja algo no meio entre uma coisa e outra.

E então eu respondi: — Em relação a esse homem intermediário ao qual Deus não é nem favorável nem contrário: você acredita que de algum modo ele tenha Deus consigo?

Como ele hesitava em responder, minha mãe acrescentou: — Uma coisa é ter Deus consigo, outra é não estar sem Deus.

— O que é melhor, então — disse eu —, ter Deus consigo ou não estar sem Deus?

— Até onde eu entendo — respondeu ela —, é assim que sinto: quem vive bem tem Deus consigo e ele lhe é favorável, quem vive mal tem Deus consigo, mas ele lhe é contrário e, por fim, quem o busca e não o encontrou não o tem nem é favorável nem contrário, mas não está sem Deus.

— Vocês também concordam com esta afirmação? — perguntei.

Disseram que sim.

— Digam-me, por favor: vocês não julgam que Deus é favorável a quem ajuda?

Admitiram que assim era.

— Então, Deus não ajuda aquele que o busca?

— Sim, ajuda.

— Portanto — retruquei —, quem busca Deus o tem favorável e quem tem Deus é feliz. Consequentemente, quem o busca é feliz. Mas quem busca ainda não tem o que deseja. Portanto, é feliz aquele que não tem o que deseja.

— Não me parece, de modo algum, que quem não tem o que deseja seja feliz — disse minha mãe.

— Então, nem todo aquele que tem Deus é feliz — disse eu.

— Se a razão obriga a isso, não posso negar — disse minha mãe.

— Que se faça, então, essa distinção — acrescentei —:

que aquele que encontrou Deus o tem favorável e é feliz; aquele que busca Deus o tem favorável, mas ainda não é feliz; e aquele que se afasta de Deus por seus vícios e pecados não somente não é feliz, como também não tem Deus favorável.

22

E tendo sido tal afirmação do agrado de todos, continuei.

— Está bem, mas espero que não lhes perturbe aquilo sobre o qual já concordamos, isto é, que é miserável aquele que não é feliz e, por consequência, é miserável quem tem Deus favorável, aquele sobre quem dissemos que ainda não é feliz, mas que, contudo, ainda busca Deus. Devemos, talvez, fazer como Cícero? Nós chamamos de ricos aqueles que possuem muitas terras e chamamos de pobres aqueles que possuem todas as virtudes! Mas percebam que, se é verdade que quem está na indigência é miserável, então é verdade que todo miserável está na indigência; pois aí será verdade que a miséria nada mais é que a indigência. E tal afirmação há pouco vocês me ouviram aprovar também. Mas esse tema seria muito exaustivo por hoje, pelo que peço que vocês voltem novamente amanhã, se não for demais.

E tendo todos manifestado que o fariam de muito bom grado, levantamo-nos.

TERCEIRO DIA

23

O terceiro dia do nosso debate viu o dissipar das nuvens que nos obrigavam a estar nas dependências dos banhos públicos e nos proporcionou uma tarde esplêndida. Agradou a todos descer até um relvado e, depois de sentados onde lhes parecia mais confortável, continuamos o nosso debate.

— Recordo bem — comecei — de quase tudo que perguntei a vocês e com o qual quis que vocês concordassem. Por isso, acredito que hoje, para finalmente terminar este nosso banquete, passados alguns dias, bem pouco ou nada será ainda aquilo que vocês precisarão responder. Já foi dito por minha mãe que nada mais é a miséria do que a indigência, e ficou estabelecido que todos os que sofrem com a pobreza são miseráveis. Mas se, além disso, aquele que é miserável sofra de pobreza também é uma questão que não pudemos definir no debate do dia anterior. E, se a razão demonstrar ser realmente assim, teremos encontrado quem possa dizer-se verdadeiramente feliz, pois esse será quem não carece de nada, e já ficou estabelecido que quem não é miserável é feliz. Feliz é, portanto, quem não sofre de indigência, se ficar estabelecido que o que nós chamamos de indigência é o mesmo que miséria.

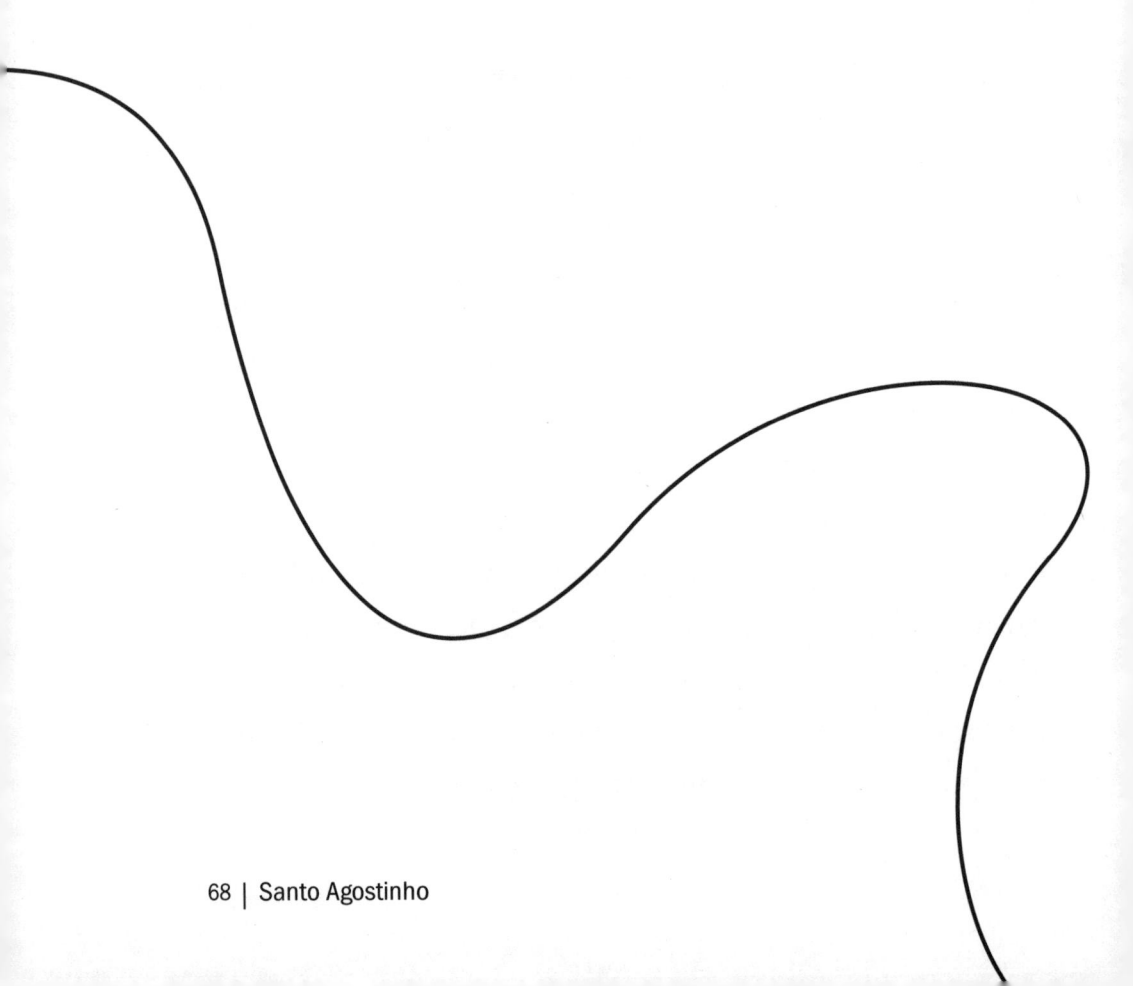

24

— E por que — disse Trigésio — não se pode concluir que feliz é aquele que não sofre de indigência, já que é evidente que quem sofre de indigência é miserável? Pois me lembro de termos concordado que não há nada intermediário entre ser miserável e ser feliz.

— Você acredita — retomei — que exista algo intermediário entre estar vivo e estar morto? Um homem pode estar em outro estado que não vivo ou morto?

— Concordo — disse ele — que não pode haver nada intermediário, mas por quê?

— Porque — acrescentei — acredito que com isso você concordará: quem está enterrado há um ano está morto.

Ele não negou.

— Mas está vivo aquele que, durante um ano, não está sepultado?

— Não se pode concluir isso — respondeu.

— Por conseguinte — disse eu —, é falso também que se alguém sofre de indigência, é miserável, ou quem não sofre dela é feliz, embora entre o miserável e o feliz, assim como entre o vivo e o morto, não pode haver nenhum estado intermediário.

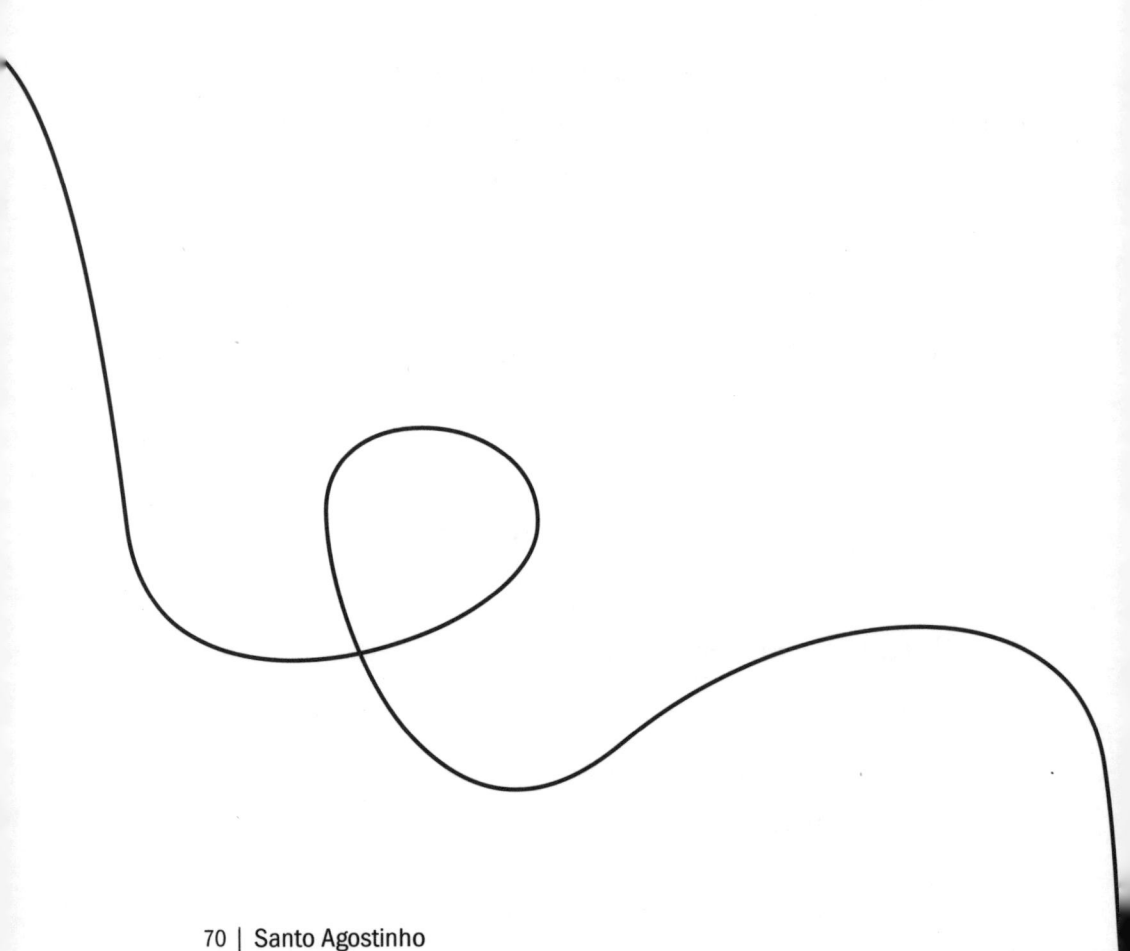

25

E como alguns demoravam a entender, fui explicando e expondo com as palavras que podia escolher e que eram mais adequadas à inteligência deles: — Ninguém duvida, então, que é miserável todo aquele que sofre necessidade. Não me perturbam algumas necessidades de coisas materiais a que estão sujeitos os sábios, já que não sofrem penúria de espírito, pois disso depende a vida feliz. Pois o sábio é perfeito e o homem perfeito não tem necessidade de coisa alguma. Ele toma para si o que julga necessário a seu corpo, se tal coisa está disponível, e se não está, não se deixa abater pela falta dela. Além disso, todo homem sábio não teme nem a morte do corpo nem as dores, mas para evitar, afastar ou expulsar as mesmas são necessárias certas coisas, as quais podem lhe faltar. Todavia, pode não se descuidar de usar bem tais coisas, caso elas não lhe faltem, já que é verdade a máxima que diz: "É tolice sofrer por aquilo que se poderia evitar". Ele evitará então a morte o quanto for possível e honesto, de modo a não se tornar miserável, não apenas devido às coisas contrárias que lhe acontecem, mas por não tê-las evitado quando assim poderia, pois tal seria sinal evidente de tolice. Portanto, aquele que não evita essas coisas não será miserável por sofrer a falta delas, mas pela própria tolice. Se, então, para evitá-las não lhe bastar o uso sábio e honesto, os infortúnios que cairão sobre ele não o tornarão miserável, pois não é menos verdadeira aquela outra máxima do mesmo autor espirituoso: "Se alguém não pode fazer aquilo que quer, é necessário que queira aquilo que pode". Como pode ser miserável, então, aquele a quem nada acontece contra a sua vontade, já que não pode querer aquilo que percebe não poder obter? E, de fato, ele tem vontade somente de coisas seguras, de maneira que tudo aquilo que faz, não o faz porque assim determina a virtude ou pela lei divina da sabedoria, coisas das quais não pode de modo nenhum abrir mão.

26

Examinemos agora também o seguinte: se quem é miserável está necessariamente sofrendo necessidade. Para admitir tal afirmação, há a dificuldade de ver que muitos têm grande abundância de coisas efêmeras, e para eles tudo é tão fácil que basta um gesto para que esteja pronto tudo o que ditar o seu desejo, e mesmo assim lhes é difícil esse tipo de vida. Mas suponhamos que exista alguém que seja como Cícero diz ter sido Orata. E quem poderá levianamente afirmar que tivesse necessidade de algo "Orata, homem riquíssimo, repleto de amenidades e delícias, a quem nada faltou que lhe proporcionasse prazeres, benevolência e saúde perfeita? Pois teve abundância o quanto quis de posses frutíferas e de amigos alegres e de tudo isso se valeu oportunamente em prol da saúde do corpo e, para resumir, cada propósito e desejo seus foram coroados com sucesso e prosperidade". Mas talvez algum de vocês diga que ele desejava mais do que tinha. Isso ignoramos. Mas já que isso basta à nossa questão, vamos admitir que ele não desejasse mais do que tinha. Vocês acham que ele sofria necessidade?

— Se eu admitir — disse Licêncio — que ele não desejava mais nada (o que, tratando-se de um homem não sábio, não sei quanto se possa acreditar), todavia, sendo ele, como se diz, um homem cauteloso, temia que tudo lhe fosse tirado por alguma eventualidade adversa. Pois não era difícil compreender que tais coisas, por mais que fossem, estavam sujeitas aos caprichos do acaso.

— Veja, Licêncio — acrescentei, então, sorrindo —, como esse homem afortunado foi impedido de gozar da vida feliz pela própria boa qualidade da sua inteligência, já que, por ser cauteloso, sabia bem que aquelas coisas poderiam ser perdidas, e tal temor o deixava tão abatido que repetia aquele dito popular: "O homem que não se ilude é sábio, para a sua própria infelicidade".

27

Tendo isso despertado o riso dele e de outros, acrescentei: — Isto, entretanto, devemos considerar cuidadosamente, pois, embora ele temesse tal fato, não sofria necessidade, e esse é o fato que está em causa na atual questão. Pois sofrer necessidade consiste no não ter e não no temor de perder aquilo que se tem. Ele era miserável porque temia, ainda que não tivesse necessidade. Portanto, nem todo aquele que é miserável sofre necessidade.

E isso foi aprovado tanto pelos outros quanto por aquela cuja opinião eu apoiava. Entretanto, mostrando-se bastante duvidosa, ela disse: — Não sei e ainda não entendo bem como é que pode se manter separadamente a indigência da miséria e a miséria da indigência. Pois esse que era rico e possuía todos os bens e nada mais desejava, como vocês disseram, justamente porque temia perdê-los é que lhe faltava sabedoria. Chamaremos então de indigentes aqueles a quem falta prata e dinheiro e não diremos a mesma coisa se lhes faltar sabedoria?

E tendo todos emitido um grito de admiração, e eu não estando menos comovido pela alegria, pois fora minha mãe a proferir a conclusão principal que eu me preparava para pronunciar por último, como algo exótico retirado dos livros dos filósofos, exclamei: — Vocês percebem haver muitas e variadas doutrinas, mas que diferem de ter o espírito todo concentrado em Deus? Pois de que outra fonte podem derivar essas palavras que nós admiramos, senão Dele?

E aqui, Licêncio gritou, todo alegre: — Não se poderia dizer nada mais verdadeiro e divino, pois não existe maior e mais miserável indigência do que a falta de sabedoria, e aquele que não sofre falta de sabedoria não pode ter necessidade de mais nada.

28

A indigência do espírito nada mais é — disse eu — do que a estupidez, pois esta é o contrário da sabedoria. E é assim como a morte é o oposto da vida, e a vida feliz é o oposto da miséria, com exclusão mútua e recíproca, pois já que quem não é feliz é miserável, quem não está morto vivo está. Portanto, é evidente que todo aquele que não é tolo é sábio. E por isso se pode agora claramente compreender que Sergio Orata não era miserável por temer perder suas posses, mas porque era tolo. Todavia, mais mísero ainda teria sido se, por aquelas coisas ilusórias e incertas que ele considerava como bens, não tivesse sentido nenhum temor, pois sua confiança teria dependido da letargia de sua mente e não das sentinelas da virtude, e ele teria sido um miserável submerso numa tolice ainda mais profunda. Mas se quem é desprovido de sabedoria sofre grandes dificuldades, e aquele que possui sabedoria de nada necessita, consequentemente a tolice é o mesmo que a indigência. Portanto, assim como todo tolo é miserável, todo miserável é tolo. Por isso, como toda indigência é miséria, toda miséria é explicada como verdadeira indigência.

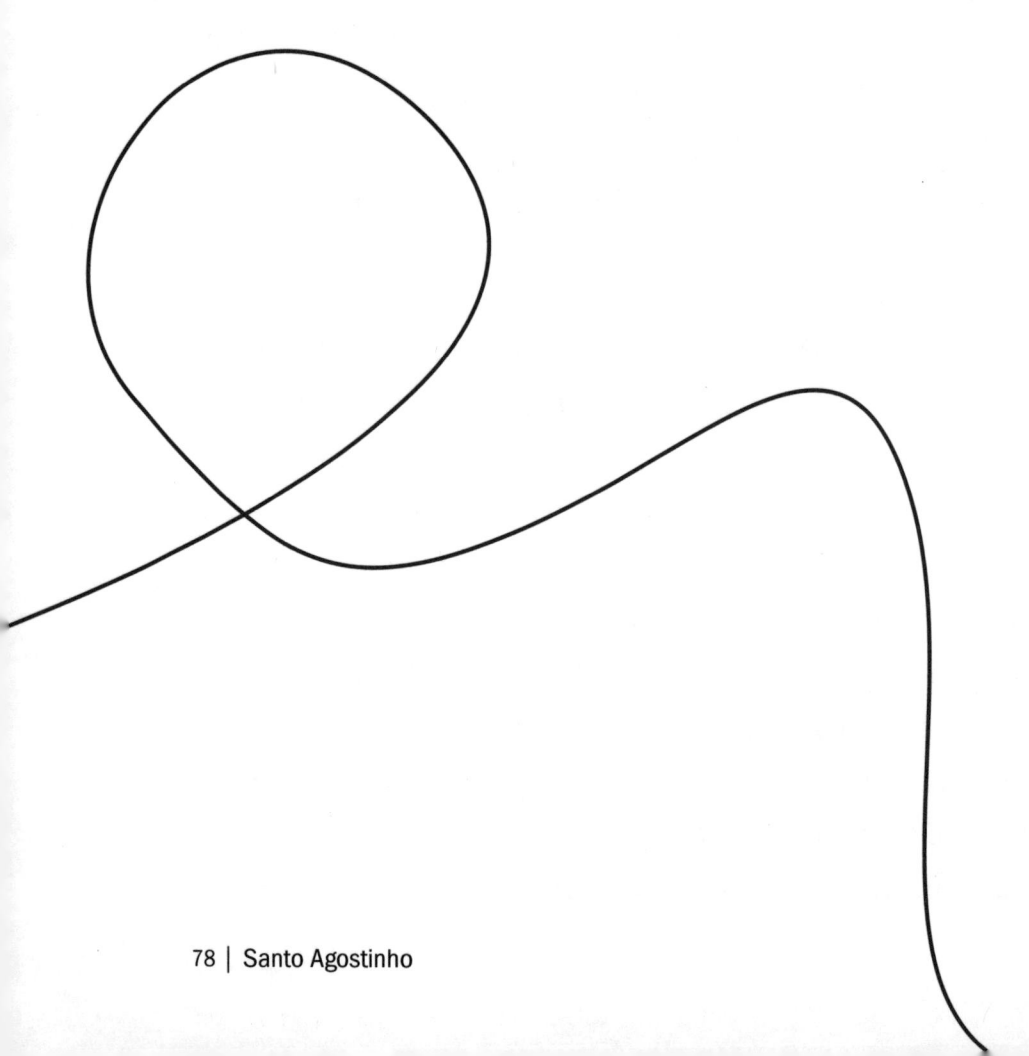

29

E tendo Trigésio afirmado que não havia entendido bem a conclusão, perguntei-lhe: — O que ficou estabelecido entre nós, baseado na razão?

— Que sofre necessidade aquele que não tem sabedoria.

— O que significa, então, sofrer necessidade?

— Não ter sabedoria.

— E o que é não ter paciência?

Ele então se calou, e eu acrescentei: — Não é, talvez, ser tolo?

— Sim, exatamente.

— Portanto — acrescentei —, sofrer necessidade nada mais é do que sofrer de tolice, e disso necessariamente se conclui que quando se diz tolice, a necessidade é lembrada com outra palavra, e não sei por que nós distinguimos estas duas expressões: *sofrer de necessidade* e *sofrer de tolice*. Pois é o mesmo que chamar de tenebroso um lugar privado de luz, pois isso é precisamente o que significa tenebroso: não ter luz. Embora não sejam as trevas que vêm e vão, mas a própria falta de luz que é tenebrosa, do mesmo modo estar sem roupas é estar nu. Não é a nudez que vai embora como se fosse algo móvel, quando alguém se veste. Por isso dizemos que alguém sofre necessidade como se disséssemos que sofre de nudez, pois a necessidade é a expressão do não ter. Por isso (para me explicar o melhor que posso) se diz *tem necessidade*, como se se dissesse *tem o não ter*. Portanto, se demostramos que a tolice em si é uma verdadeira e inquestionável indigência, veja se ficou explicada a questão a qual nos dispusemos debater. Pois estávamos duvidando se denominando a miséria, nada mais quiséssemos dizer do que a indigência. E depois explicamos a razão pela qual se denomina a indigência de tolice. Logo, como todo tolo é miserável e todo miserável é tolo, também é necessário reconhecer não apenas que aquele que sofre necessidade é miserável, mas também que aquele que é miserável sofre necessidade. Mas se, justamente por ser miserável o ser é tolo e por ser tolo é miserável, disso resulta que a tolice é miséria. Pois, se quem sofre necessidade é miserável e é miserável quem sofre necessidade, não podemos concluir que a miséria nada mais é do que a indigência?

30

E tendo todos concordado que assim era, recomecei: — Resta agora ver quem podemos dizer que não sofre necessidade, pois esses serão sábios e felizes. A tolice é, portanto, o nome com o qual se pode chamar a indigência, pois a palavra tolice costuma significar uma certa esterilidade e escassez. Pensemos no passado e consideremos com quanto cuidado os antigos criaram todas ou, pelo que consta, algumas palavras, especialmente aquelas que representam as coisas cujo conhecimento é indispensável. E já que vocês admitem que quem é tolo sofre necessidade, e que todo aquele que sofre necessidade é tolo, acredito que vocês aceitem ainda que o espírito tolo é vicioso e que todos os vícios do espírito estão compreendidos na palavra tolice. No primeiro dia deste debate dissemos que a *nequícia* era chamada assim por vir de nada ser (*nequidquam*), cujo oposto foi denominado *frugalidade*, que vem dos frutos da terra (*frugis*). E por isso, nesses dois opostos, ou seja, *nequícia* e *frugalidade*, destacam-se os dois extremos, ser e não ser. O que acreditamos que seja o oposto da indigência, da qual tratamos agora?

E todos hesitaram um pouco em responder.

Mas Trigésio disse: — Se devo dizê-lo, é a riqueza, pois vejo que a ela é contrária a pobreza.

— Na verdade, você está bem próximo, pois a pobreza e a indigência costumam ser consideradas como a mesma coisa. No entanto, é necessário encontrar outra palavra, para que ao melhor dos dois opostos não falte um vocábulo que o represente por inteiro, e enquanto um dos lados ostenta os nomes de *pobreza* e *indigência*, ela não tenha apenas um nome para indicar a oposição, nome este que indica somente *riqueza*. Não haveria nada mais absurdo que sofrer falta de vocábulos justamente na parte que é contrária à falta.

— Acredito que a palavra *plenitude* — disse Licêncio — poderia ser usada de maneira apropriada para se opor à *indigência*.

31

— Talvez possamos investigar essa palavra de forma mais meticulosa mais tarde, pois não é necessário dar atenção demasiada a isso quando se busca a verdade. E embora Salústio, perspicaz analisador das palavras, tenha oposto a *opulência* à *indigência*, aceito o vocábulo *plenitude*, pois aqui não precisamos temer os gramáticos ou recear que eles se aborreçam porque usamos as palavras com pouca exatidão, já que nos deram as palavras para usufruir das coisas.

Após todos rirem, continuei: — E agora, como vocês estão com a mente fixa em Deus, me propus respeitar seus conceitos, como se vocês fossem oráculos. Examinemos então o significado desse vocábulo, já que mais nenhum parece adequado para explicar o verdadeiro sentido de nosso conceito. A *plenitude* e a *indigência* são, portanto, opostas e também aqui, como na *nequícia* e na *frugalidade*, se destacam os dois opostos: ser e não ser. E se a indigência é a própria tolice, a plenitude será também a própria sabedoria. Com razão, muitos disseram que a frugalidade é a mãe de todas as virtudes. Também Cícero concorda com essa máxima, pois em um dito popular, ele declarou: "Cada um pensa o que quer, mas eu acredito que a frugalidade, ou seja, a modéstia e a temperança, seja a mais alta virtude". Que frase sábia e adequada! Pois retoma a palavra *frugis*, quer dizer, aquilo que nós chamamos de *ser* cujo oposto é o *não ser*. Mas, devido ao hábito comum pelo qual a frugalidade costuma ser interpretada, ou seja, como uma certa parcimônia, ele esclareceu o próprio pensamento, acrescentando a modéstia e a temperança. Estas duas palavras vamos examinar atentamente a seguir.

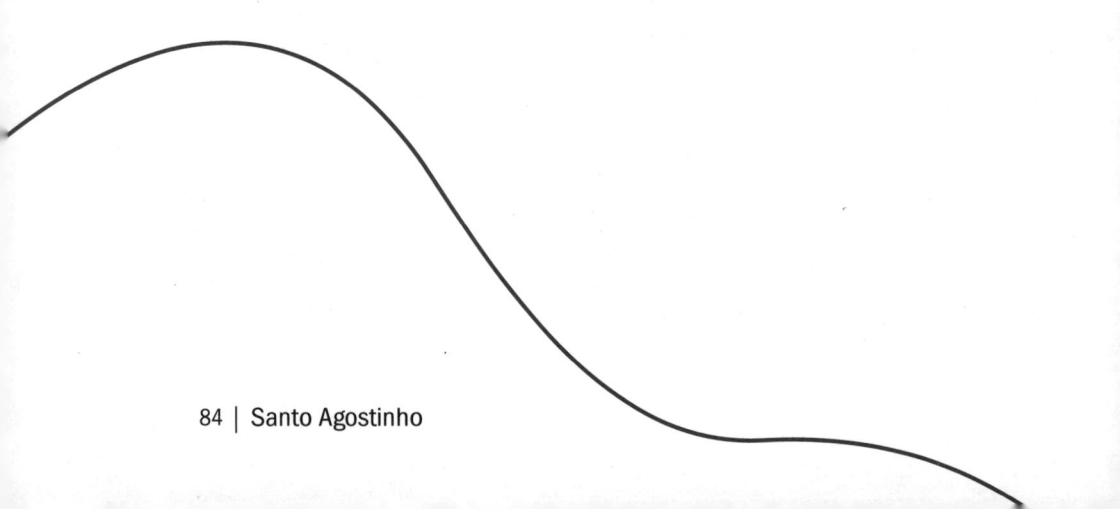

32

A modéstia provém de *modo*, no sentido de medida, assim como a temperança vem de *temperar*, no sentido de moderar. Pois onde há modo e temperança não há excesso nem falta e, justamente, verifica-se aquela plenitude que opusemos à indigência, melhor que se a tivéssemos oposto à abundância. Pois na palavra abundância se subentende a afluência, quase a efusão de uma coisa transbordante. E quando isso acontece, ultrapassando a quantidade suficiente, ainda assim desejamos moderação e aquilo que é demais sofre indigência de moderação. A pobreza, portanto, não é alheia à mesma redundância; pois ao *modo* (moderação) são alheios tanto o mais quanto o menos. E se analisarmos a própria opulência, observamos que ela também exige que exista moderação. E, de fato, a opulência provém da palavra *ops*, que significa também ajuda, pois representa a deusa Opis, protetora da fertilidade da terra. Mas como se poderia ajudar (*opitulor*) com o excesso, já que muitas vezes o excesso é mais incômodo do que a falta? Portanto, tudo aquilo que é em excesso ou falta, justamente por esse fato necessita de moderação e está sujeito à indigência. A sabedoria é, portanto, o *modo*, a *moderação* do espírito. E já que não se nega que a sabedoria seja oposta à tolice e que a tolice seja indigência, e que a indigência seja o oposto da plenitude, daí resulta que a sabedoria é a plenitude. E dado que na plenitude há moderação, portanto há moderação na sabedoria. E daí vem aquele célebre ditado tão acertadamente celebrado como sendo muito útil na condução da vida: "o que é demais estraga".

33

Já dissemos no início deste debate que se tivéssemos descoberto que a miséria nada mais é do que a indigência, teríamos reconhecido que quem não sofre necessidade é feliz. Mas foi exatamente isso que descobrimos, que ser feliz nada mais é que não sofrer necessidade, isto é, ser sábio. Se, então, buscamos o significado da sabedoria (pois essa também, pelo que nos permitiu o tempo, foi analisada e demonstrada pela razão), ela nada mais é do que a moderação do espírito, isto é, o modo pelo qual o espírito se equilibra para não ocorrer excesso e que nem por falta ele seja sufocado. Ele se *excede* na futilidade, na dominação, no orgulho e em outras coisas de igual gênero, com as quais os espíritos sem moderação e miseráveis procuram obter alegria e poder. É *sufocado* pela avareza, pelos temores, pela tristeza, pela cobiça e por todas as coisas pelas quais os miseráveis revelam a própria miséria. Quando, então, o espírito chega a avistar a sabedoria redescoberta e (para usar a expressão deste jovem) quando *a ela se atém*, não se volta às imagens ilusórias, movido por alguma vaidade, cujo peso costuma arrancá-lo do abraço de seu Deus. Então esse espírito não teme mais a imoderação, portanto tampouco a indigência e, consequentemente, nem a miséria. Portanto, é feliz aquele que desfruta de sua moderação, ou seja, da sabedoria.

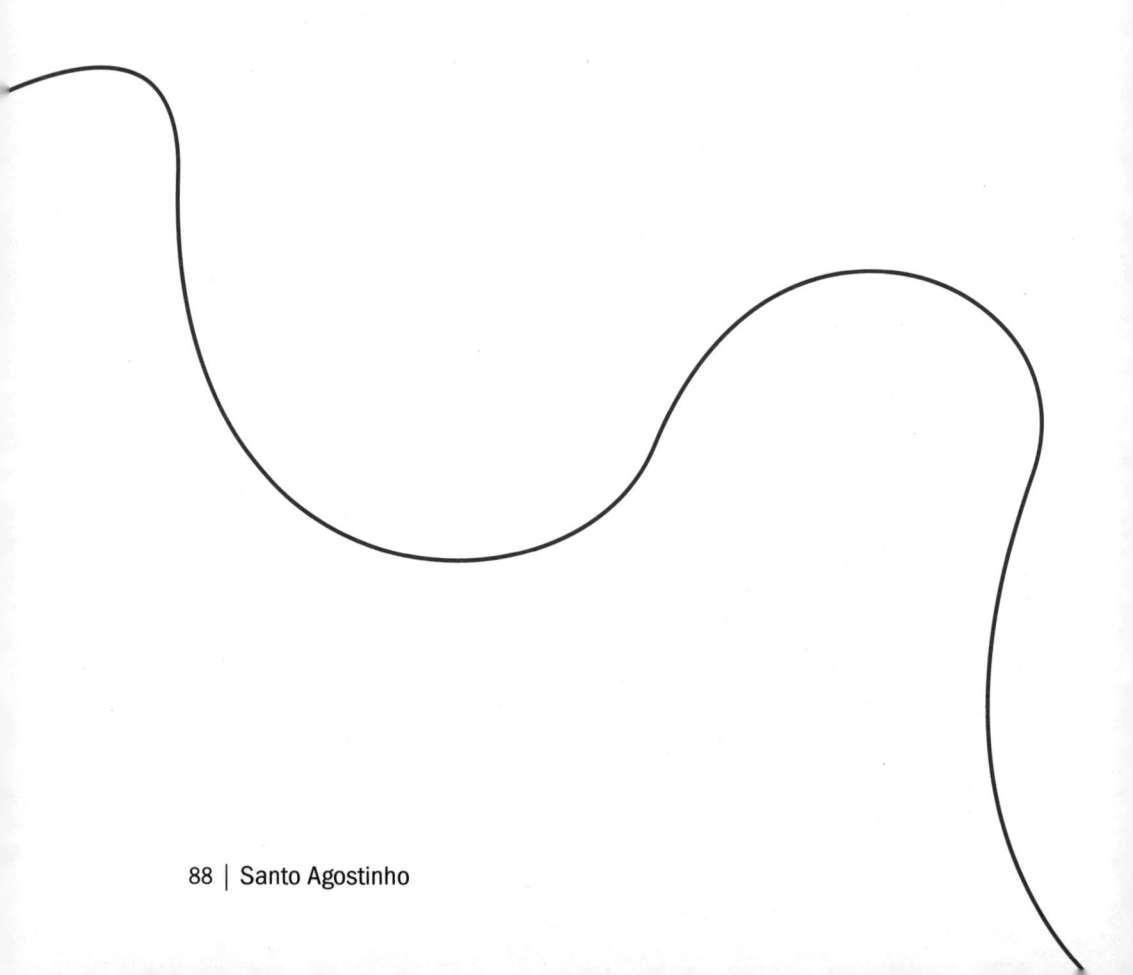

34

— Mas o que podemos chamar de sabedoria, senão a sabedoria de Deus? Sabemos também, por autoridade divina, que o Filho de Deus nada mais é que a *sabedoria de Deus*, e o Filho de Deus é, certamente, Deus. Logo, tem Deus consigo quem é feliz, afirmação com a qual todos nós ficamos felizes em concordar no início deste banquete. Mas o que mais vocês consideram que seja a sabedoria, além da verdade? E também isso foi dito: *Eu sou a Verdade.* A Verdade então é, em virtude de um Supremo Modo, de onde provém e para o qual tudo se volta. E a esse Supremo Modo nenhum outro Modo pode se impor, pois se o Supremo Modo é Modo em razão do Supremo Modo, ele é Modo por si mesmo. Mas é preciso, também, que o Supremo Modo seja o Modo Verdadeiro. Portanto, assim como a Verdade é proveniente do Modo, também o Modo se conhece por meio da Verdade. Consequentemente, nunca houve Verdade sem Modo e nem Modo sem Verdade. Quem é o Filho de Deus? Foi dito: *A Verdade*. E quem mais que não tem pai, senão o Supremo Modo? Portanto, quem chegar ao Supremo Modo por meio da Verdade será feliz. Isso equivale a ter Deus no espírito e a desfrutar de Deus: pois todas as outras coisas, embora Deus as tenha, não têm Deus consigo.

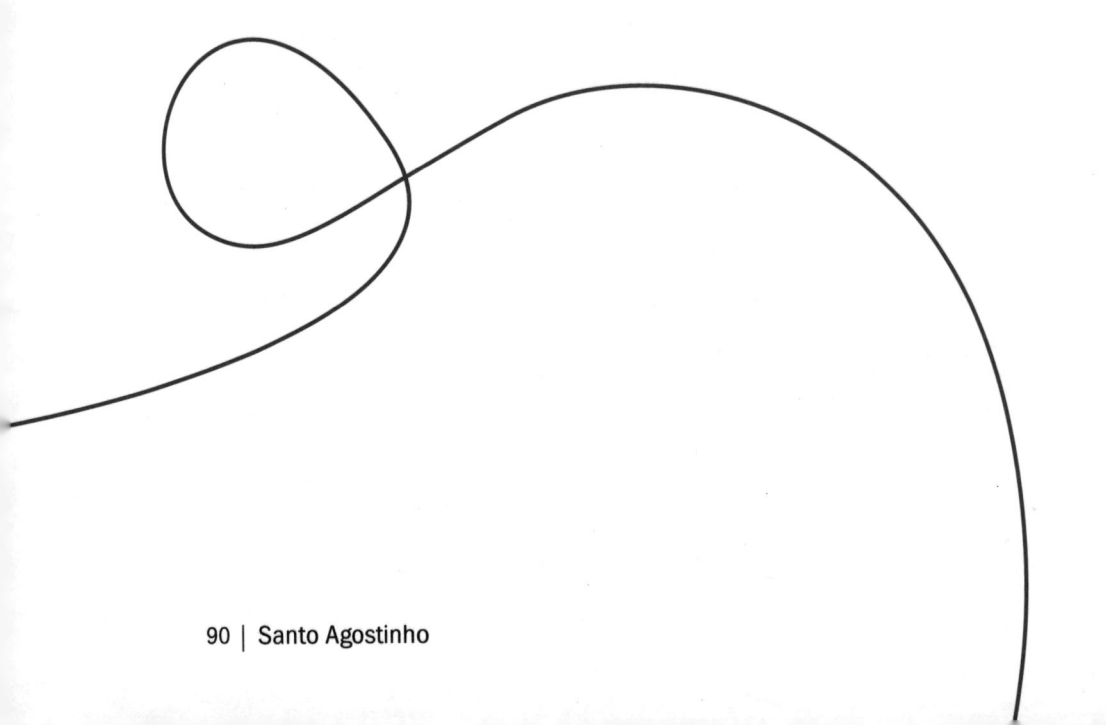

35

Aquela voz que fala do fundo da nossa alma e nos avisa para que nos lembremos de Deus, que o busquemos, que o desejemos ardentemente, sem rodeios, provém para nós da mesma fonte que a Verdade. Tal esplendor é infundido em nosso interior por esse Sol. A Ele pertence toda a Verdade que dizemos, até mesmo quando temos os olhos doentes ou recém-abertos e não ousamos voltarmo-nos corajosamente em direção a Ele, e fitá-lo inteiramente, e isso nada mais é do que o próprio Deus, perfeito, sem nenhuma alteração. Pois naquela Verdade existe uma totalidade completamente perfeita, e junto existe Deus Todo Poderoso. Entretanto, todos reconhecemos também que, por mais que busquemos, ainda não estamos saciados dessa Fonte e (para usar aquela palavra) dessa Plenitude. E tampouco chegamos a obter aquele Modo que é nosso destino. Portanto, por mais que contemos com a ajuda de Deus, não somos ainda nem sábios nem felizes. Assim, aquela satisfação plena dos espíritos, ou seja, a Vida Feliz, consiste em conhecer misericordiosamente e perfeitamente quem é Aquele que abre a Verdade em você, de qual Verdade você desfruta e por que meios você chegou ao Supremo Modo. Estas três coisas demonstram aos inteligentes um Deus único e única a sua substância, sem qualquer transitoriedade das diversas superstições.

E aqui minha mãe, reconhecendo esses conceitos que havia esculpido profundamente em seu espírito e como que despertando em sua fé, proferiu orgulhosamente aquela frase de nosso sacerdote: "Ajuda, ó Trindade, aqueles que oram a Ti", E acrescentou: — Essa é, sem a menor dúvida, a Vida Feliz, que é a vida perfeita. A ela, se nos apressarmos, podemos ter esperança de alcançar, através de sólida fé, de uma esperança vigorosa e de uma ardorosa caridade.

36

— Logo — retomei —, já que a moderação nos adverte para terminar o banquete, após decorridos alguns dias, dou muitas graças ao Supremo e Verdadeiro Deus, Pai e Senhor Libertador das almas. Portanto, vocês que participaram de boa vontade, enriqueceram também a mim com muitos presentes, pois tantas contribuições vocês trouxeram ao nosso debate, que não posso negar ter sido saciado pelos meus próprios convidados.

Todos estavam alegres e louvavam a Deus.

— Como eu queria que você nos alimentasse assim todos os dias! — disse Trigésio.

— A moderação deve ser observada e apreciada em todas as coisas, se queremos nos dedicar ao nosso retorno a Deus — acrescentei.

E, pondo fim ao debate com essas palavras, partimos.

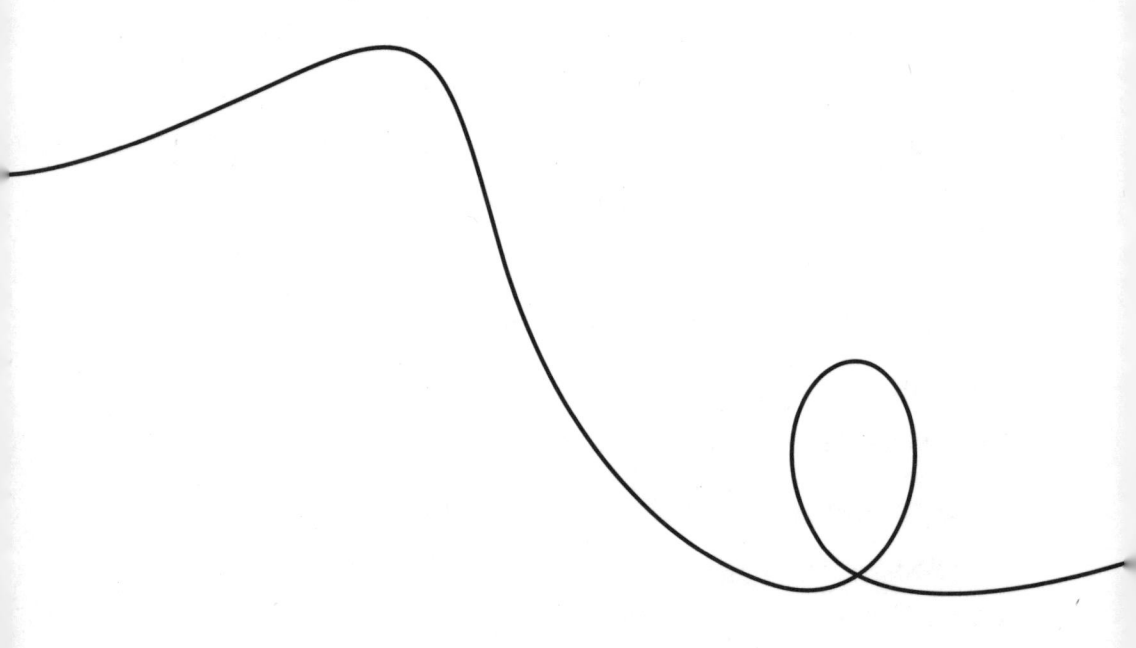

Este livro foi impresso na gráfica Impress,
em julho de 2022.